TS ET DEVOIRS DES CRÉANCIERS

DANS LA

LIQUIDATION JUDICIAIRE

ET LA FAILLITE

RÈGLES PRATIQUES

Prix : 1 franc

EN DÉPOT A PARIS
AU SYNDICAT CENTRAL DES UNIONS FÉDÉRALES
Bourse de Commerce, Bureau 249

DROITS ET DEVOIRS DES CRÉANCIERS

DANS LA

LIQUIDATION JUDICIAIRE

ET LA FAILLITE

RÈGLES PRATIQUES

Prix : 1 franc

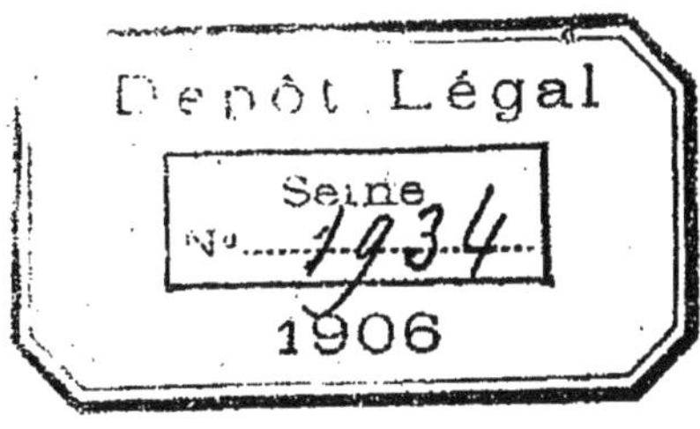

EN DÉPOT A PARIS

AU SYNDICAT CENTRAL DES UNIONS FÉDÉRALES

Bourse de Commerce, Bureau 249

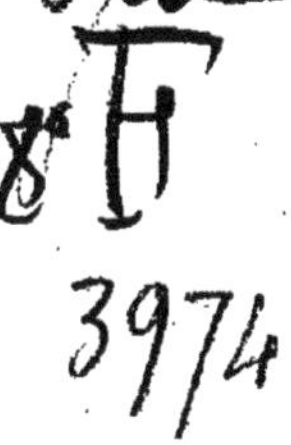

PRÉFACE

A plusieurs reprises, le SYNDICAT CENTRAL DES UNIONS FÉDÉRALES *s'est ému des difficultés qui existent, pour les membres des* UNIONS, *et pour tous les Commerçants et Industriels en général, à suivre les différentes phases de la* FAILLITE *ou de la* LIQUIDATION JUDICIAIRE *de l'un de leurs débiteurs, par suite d'une connaissance incomplète des principales règles qui les régissent.*

Pour arriver à combler cette lacune, il fallait établir un petit GUIDE PRATIQUE, *véritable memento, peu encombrant et à la portée de tous.*

Tel a été le but de ce travail. S'inspirant des ouvrages très complets qui existent sur la matière, en particulier de ceux de M. Lyon-Caen, on y a cherché à indiquer aux créanciers, tandis que se déroulent les diverses opérations de la faillite ou de la liquidation judiciaire, quels étaient, à tout instant, leurs droits et leurs devoirs.

Nous espérons que cette brochure, due à l'inspiration du SYNDICAT CENTRAL *et à la plume, modeste autant que compétente, de l'un de ses amis, pourra rendre service et que, grâce à elle, bien des créanciers se trouveront ainsi à l'abri de surprises désagréables.*

Afin d'essayer de mettre plus de clarté dans l'exposition, le sujet a été divisé en trois parties.

La première partie traite de la liquidation judiciaire et de la faillite. Les opérations de l'une et de l'autre se présentent parallèlement et en font bien ressortir les différences.

La deuxième partie comporte les dispositions communes.

Dans la troisième partie se trouve un aperçu très succinct de l'organisation, de la composition et de la compétence des Tribunaux de Commerce.

DE LA LIQUIDATION JUDICIAIRE

La liquidation judiciaire est une faveur accordée au débiteur présumé de bonne foi.

C'est le Tribunal qui approuve.

Conditions d'ouverture de la liquidation judiciaire.

Tout commerçant qui cesse ses payements peut obtenir la liquidation.

Il faut qu'il soit *présumé de bonne foi*,

DE LA FAILLITE

La loi de 1838 (art. 437 du C. commercial) déclarait :

Tout commerçant qui cesse ses payements est en état de faillite.

Par la loi du 4 mars 1889, on a décidé que la cessation de payements n'entraînait pas nécessairement la faillite.

La faillite intervient dans trois cas :

1° Le bénéfice de la liquidation judiciaire n'a pas été demandé par le débiteur ;

2° Le bénéfice lui a été refusé par le Tribunal ;

3° Ce bénéfice lui a été retiré par suite de déchéance :

Si la requête à fin de liquidation n'a pas été présentée dans les quinze jours de la cessation des payements ;

Si le liquidé n'a pas obtenu le concordat ;

Si le débiteur a créé contre lui, à un moment quelconque, une présomption de mauvaise foi ;

S'il y a eu dissimulation ou fraude.

Éléments indispensables de l'état de faillite.

Être commerçant.

Avoir cessé ses payements.

Il peut y avoir faillite. { Après décès. / Après cessation de commerce. }

Tribunal compétent.

C'est le Tribunal de Commerce du domicile du débiteur.

La liquidation ne peut être ordonnée que sur requête présentée au Tribunal compétent par le débiteur, et cela dans les quinze jours de la cessation des payements.

Mentions du jugement.

Il nomme un juge-commissaire, un ou plusieurs liquidateurs judiciaires.

Publicité du jugement.

Comme pour la faillite.

Tribunal compétent.

C'est le Tribunal de Commerce du domicile du failli.

La faillite est rendue officielle par le jugement dit « déclaratif de faillite ».

Le jugement est rendu :

Soit sur la déclaration spontanée du failli ;

Soit à la requête d'un ou de plusieurs créanciers ;

Soit d'office.

Il doit être prononcé en audience publique.

Mentions du jugement.

Il nomme un juge-commissaire, un ou plusieurs syndics provisoires (administrateurs des biens du failli).

Il prescrit l'apposition des scellés.

Il fixe la date de l'ouverture de la faillite.

Publicité du jugement.

Un extrait du jugement est affiché pendant trois mois dans la salle des audiences du Tribunal.

Le jugement est publié dans les journaux du lieu de la faillite, dans ceux des endroits où le failli a des établissements.

Exécution du jugement.

Le jugement est exécutoire immédiatement, malgré l'opposition et l'appel qui peuvent être faits.

Voies de recours.

Le jugement n'est susceptible d'aucun recours, et ne peut être attaqué par voie de tierce opposition.

Effets du jugement.

1° Le liquidé est dessaisi *partiellement* de l'administration et de la gestion de ses biens.

2° Le droit, de la part des créanciers, d'exercer des poursuites individuelles contre le liquidé est suspendu.

3° Les dettes non échues du liquidé deviennent exigibles.

4° Le cours des intérêts des créances non garanties par un privilège, un nantissement ou une hypothèque, est arrêté à l'égard de la masse.

5° La masse a une hypothèque sur les immeubles du liquidé.

9° Les créanciers ne peuvent plus prendre, en leur nom personnel, sur les biens du liquidé, une inscription de privilège ou d'hypothèque au préjudice de la masse.

7° Le liquidé perd ses droits d'éligibilité.

Procédure préparatoire de la solution.

Elle met les créanciers à même de statuer sur le sort du liquidé en lui accordant ou non le concordat.

Mesures relatives à la personne.

a) Secours alimentaires.

Voies de recours.

Le jugement est susceptible d'opposition et d'appel de la part du failli et de toute autre partie intéressée.

Effets du jugement.

1° Le failli est *absolument* dessaisi de l'administration de tous ses biens.

2° Le droit de la part des créanciers d'exercer des poursuites individuelles contre le failli est suspendu.

3° Toutes les dettes non échues du failli deviennent exigibles.

4° Le cours des intérêts des créances non garanties par un privilège, un nantissement ou une hypothèque, est arrêté à l'égard de la masse.

5° La masse a une hypothèque sur les immeubles du failli.

6° Les créanciers ne peuvent plus prendre, en *leur nom personnel*, sur les biens du failli, une inscription de privilège ou d'hypothèque sur les biens de la masse.

7° Le failli perd ses droits d'électorat et d'éligibilité.

Procédure préparatoire de la solution.

Mesures relatives à la personne { Arrestation.
Secours.

Mesures relatives aux biens.

Constatation de l'actif.

La clôture des livres du débiteur est effectuée.

Un inventaire a lieu, dans les vingt-quatre heures, à partir de la nomination des liquidateurs.

Un exemplaire est déposé au greffe, l'autre reste entre les mains des liquidateurs.

Mesures de gestion.

La gestion du liquidé s'applique :

A tous les actes conservatoires ;

Au recouvrement des effets et créances exigibles ;

A la continuation de son commerce et de son industrie ;

1° Le Tribunal peut ordonner l'arrestation du failli.

2° Le jugement déclaratif prive le failli de ses moyens d'existence; sur les fonds qui sont en caisse, il peut obtenir des secours alimentaires.

Secours fixés par le juge commissaire.

Mesures relatives aux biens.

Apposition des scellés par le juge de paix.

Les scellés sont maintenus jusqu'à l'inventaire.

Sur certains objets, les scellés ne sont pas apposés.

En outre : Les effets de portefeuille à courte échéance et les livres de commerce du failli sont remis aux syndics.

Inventaire.

Il se fait dans les trois jours de l'apposition des scellés.

Il est établi en deux exemplaires par les syndics.

Un exemplaire est déposé au greffe du Tribunal de Commerce dans les vingt-quatre heures.

Les intéressés peuvent en prendre connaissance.

L'autre exemplaire reste entre les mains du syndic.

Mesures de gestion.

Les syndics doivent faire, sans autorisation, tous les actes nécessaires pour la conservation des droits du failli contre ses débiteurs ; pratiquer des saisies-arrêts, etc.

Ils recouvrent les créances du failli.

A tous les actes de désistement, de renonciation ou d'acquiescement ;

A toutes transactions.

Ces mesures sont prises par les soins des liquidateurs provisoires, si le débiteur se refuse à le faire.

Constatation du passif.

La situation du débiteur est examinée dans la troisième réunion des créanciers.

Cette réunion a surtout pour objet :
- La nomination des liquidateurs définitifs.
- L'élection facultative des contrôleurs de la liquidation.

Comment se fait la réunion ?

La convocation a lieu dans les *trois* jours du jugement d'ouverture de la liquidation.

Elle est faite par le greffier :

Ils vendent certains biens avec l'autorisation du juge-commissaire.

Ils continuent l'exploitation du commerce ; le failli peut être autorisé à faire cette exploitation.

Ils peuvent transiger sur les contestations qui intéressent la masse, mais seulement sous certaines conditions.

Les syndics doivent demander l'avis des contrôleurs.

Ils doivent être autorisés par le juge-commissaire.

Le failli doit être consulté.

Les deniers provenant des ventes et recouvrements sont versés dans les trois jours de recette, par les syndics, à la Caisse des dépôts et consignations.

Le juge-commissaire estime les sommes qu'ils peuvent conserver pour faire face aux dépenses.

Les *contrôleurs* ont toujours droit de demander compte des versements effectués.

Constatation du passif.

La situation du failli est examinée dans la première réunion des créanciers.

Cette réunion a surtout pour objet : { La nomination des syndics définitifs. L'élection facultative des contrôleurs de la faillite. }

Comment se fait la réunion?

La convocation a lieu le plus promptement possible, et au plus tard dans la *quinzaine* qui suit le jugement définitif.

Par lettre individuelle aux créanciers désignés ;

Par insertion dans les journaux désignés par le juge-commissaire.

La procédure de vérification et d'affirmation des créances diffère par trois points de celle de la faillite.

Les délais sont plus courts :

Pour la production des titres ;

Pour la convocation de l'assemblée de vérification ;

Pour l'affirmation des créances vérifiées.

La loi de 1880 a ainsi diminué un peu les frais.

Des diverses solutions de la liquidation judiciaire.

La liquidation peut aboutir :

Au concordat ;

Au concordat par abandon d'actif ;

A la clôture pour insuffisance d'actif ;

Si la tentative de concordat a échoué, le Tribunal peut déclarer la faillite.

Règles spéciales du concordat simple.

Tous les créanciers vérifiés ou admis par provision doivent être réunis dans les quinze jours après l'assemblée de vérification.

Ils entendent les propositions du débiteur et en délibèrent.

Elle est faite par le juge commissaire :

Par lettre individuelle aux créanciers désignés dans le bilan.

Par insertion dans des journaux.

La convocation contient :

Opération mettant fin à la période préparatoire de la solution.

C'est la procédure de vérification et d'affirmation des créances. (Voir les Dispositions communes, page 21.)

Des diverses solutions de la faillite.

La faillite peut aboutir :

Au concordat simple;

Au concordat par abandon d'actif;

A l'union;

A la clôture pour insuffisance d'actif.

Le concordat par abandon d'actif et la clôture par insuffisance d'actif ont les mêmes règles en cas de faillite ou de liquidation. (Voir aux Dispositions communes, page 21.)

Concordat simple.

Dans les trois jours qui suivent l'expiration des délais fixés pour l'affirmation des créances, convocation des créanciers, par lettres individuelles et insertions dans les journaux, pour délibérer sur la formation du concordat.

Cas de déchéance du bénéfice de la liquidation aboutissant à la déclaration de faillite.

A. Cas de faillite facultative.

Le Tribunal de Commerce décide s'il y a lieu à faillite :

a) Quand on a reconnu que la requête demandant la liquidation n'a pas été présentée dans les quinze jours de la cessation des payements ;

b) Quand le liquidé n'a pas obtenu le concordat ;

B. Cas de faillite obligatoire prononcée par le Tribunal :

Si depuis la cessation des payements ou dans les dix jours précédents, le débiteur s'est rendu coupable :

D'une dissimulation ou d'une exagération de l'actif ;

D'une omission volontaire de un ou plusieurs créanciers ;

D'une fraude quelconque ;

Dans les cas d'annulation ou de résolution du concordat ;

Dans le cas où le débiteur en état de liquidation judiciaire a été condamné pour banqueroute simple ou frauduleuse.

Comment se suivent les opérations de la faillite.

Sur les derniers errements de la procédure de la liquidation.

Les liquidateurs peuvent être maintenus comme syndics.

Union.

Solution exclusivement propre à l'état de faillite, quand on est certain que le failli ne sera pas remis à la tête de ses affaires.

Les créanciers se trouvent de plein droit en *état d'union.*

C'est une véritable communauté entre créanciers; on liquide l'actif du failli, qui reste en outre exposé aux poursuites de ses créanciers.

Dès que l'état d'union a été déclaré, le juge-commissaire consulte les créanciers :

a) Sur l'utilité du maintien ou du remplacement des syndics ;

b) Sur le maintien ou le remplacement des contrôleurs.

Diverses opérations de l'union.

Liquidation, vente des biens.

Répartition entre les créanciers de l'actif réalisé.

a) Vente des meubles : Ne peut être faite qu'aux enchères par l'entremise des commissaires-priseurs.

b) Vente des immeubles : Doit se faire dans la huitaine de la formation de l'union, par les soins du Tribunal civil du lieu de la déclaration de faillite.

Après l'adjudication, il peut y en avoir une nouvelle :

Soit à la suite d'une folle enchère, quand le premier adjudicataire ne paye pas ;

Soit à la suite d'une surenchère et cela dans la quinzaine de l'adjudication.

Procédure de répartition entre les créanciers.

Les deniers provenant des ventes sont versés à la Caisse des dépôts et consignations.

Chaque mois, les syndics fournissent au juge-commissaire un état de situation de la faillite.

Sur les sommes à répartir, on déduit :

a) Les frais et dépenses de l'administration de la faillite ;

b) Les secours qui ont pu être accordés au failli et à sa famille ;

c) Les sommes dues aux créanciers privilégiés.

Le reste est distribué au marc le franc.

Clôture de l'union.

Les syndics devraient mettre moins d'une année, à partir de la constitution de l'union, pour liquider l'actif.

Souvent ils mettent beaucoup plus.

Dans ce dernier cas, la première année, les créanciers sont convoqués au moins une fois.

Dans les années suivantes les convocations sont malheureusement facultatives.

Effets de la clôture de l'union.

Le failli peut de nouveau acquérir des biens. Les créanciers non intégralement payés recouvrent leur liberté d'action.

CHAPITRE II

Dispositions communes à la faillite et à la liquidation judiciaire.

I

Le juge-commissaire est nommé par le jugement, les créanciers n'ont pas à donner leur avis.

Il peut être *remplacé,* à toute époque, par le Tribunal, il peut être *récusé* par les syndics ou les liquidateurs, — mais dans les *trois* jours du jugement qui le nomme.

Sa mission. — Il n'administre pas, mais surveille et accélère les opérations et la gestion de la liquidation ou de la faillite.

Ses attributions spéciales. — *a*) Il fait au Tribunal le rapport des contestations que la faillite ou la liquidation peuvent faire naître.

(Tout jugement rendu sans ce rapport serait nul.)

b) Il donne, sous la forme d'ordonnance, son autorisation, au liquidé et aux liquidateurs, ou aux syndics, d'accomplir certains actes, tels que :

Faire séparément certains actes d'administration;

Dispense de faire placer les scellés ;

Procéder à la vente des effets mobiliers ou marchandises ;

Transiger.

c) Il convoque les assemblées des créanciers et en dirige les délibérations.

Ordonnances du juge. — Voies de recours. — En principe, pas de recours contre les ordonnances de la part des parties intéressées.

Il existe cependant certaines exceptions :

Quand le juge a statué sur des réclamations contre les opérations des syndics ;

Au sujet des secours alimentaires fixés par le juge.

Le recours est recevable jusqu'à l'exécution de l'opposition. Il s'exerce :

1° Par voie d'opposition (assignation contre la partie qui a obtenu l'ordonnance causant un grief) ;

2° Par voie de requête présentée au Tribunal par les liquidateurs ou les syndics.

II

Des contrôleurs.

Surveillants gratuits de la liquidation, ils sont choisis par les créanciers et forment un véritable « Comité de créanciers » ; on peut les comparer au *Conseil de surveillance des sociétés commerciales*.

Ils ont :

1° Une mission de surveillance, en suivant les opérations des liquidateurs ou des syndics. Ils peuvent, *à toute époque*, demander compte de l'état de la liquidation ou de la faillite, des recettes effectuées, des versements faits à la Caisse des dépôts;

2° Des fonctions consultatives, car les liquidateurs ou syndics doivent prendre l'avis des contrôleurs sur les transactions, les actions à intenter ou à suivre.

Choix et nombre des contrôleurs. — Les créanciers décident s'il faut en nommer ou non.

La nomination a lieu, en général, dans la première réunion, ou à tout autre moment de la liquidation ou de la faillite.

Les créanciers nommés contrôleurs par les autres créanciers peuvent ne pas accepter le mandat. Les fonctions sont gratuites; *c'est une mission de dévouement, dont on méconnaît trop souvent l'importance,* car si elle était exercée avec énergie, elle pourrait souvent faire rendre de bien meilleurs résultats aux opérations d'une faillite.

Ils ne peuvent être révoqués que par jugement du Tribunal.

Ils ne peuvent être déclarés responsables qu'en cas de faute lourde et personnelle.

III

Des liquidateurs judiciaires.

C'est une mission d'assistance : le liquidateur assiste le débiteur dans tous les actes intéressant son patrimoine.

Il y a les liquidateurs provisoires,

et les liquidateurs définitifs,

qui peuvent se transformer en liquidateurs chargés de la réalisation de l'actif.

Si la liquidation judiciaire est transformée en faillite, le liquidateur peut être maintenu comme syndic.

IV

Des syndics.

Les syndics sont principalement les représentants et les mandataires des créanciers, ils centralisent l'ensemble de leurs intérêts.

Suivant les périodes des opérations, il y a :

Les syndics provisoires;

Les syndics définitifs ;

Les syndics de l'union qui n'existent que quand la faillite se termine par l'union ou par un concordat par abandon d'actif.

Nomination des syndics, — Les syndics provisoires sont nommés par le Tribunal sans consultation des créanciers.

Pour la nomination des syndics définitifs, les créanciers donnent leur avis, mais le Tribunal décide. Les créanciers n'ont donc aucune influence immédiate et directe sur les nominations des syndics.

Le Tribunal, à tout moment, a le droit d'en nommer de nouveaux, après avis des créanciers.

Les créanciers, de leur côté, peuvent en demander

la révocation au juge-commissaire par une requête énonçant les griefs.

Choix. — Le Tribunal peut les choisir soit parmi les créanciers, soit en dehors d'eux ; c'est ce qui a lieu en général.

A Paris, les syndics forment une corporation.

Dans une faillite, il ne peut y avoir plus de trois syndics.

Responsabilité. — Ils sont responsables de leur moindre faute.

Les syndics peuvent recevoir des indemnités qui sont arbitrées par le Tribunal.

Ils sont responsables pendant dix ans, à partir de la reddition de leurs comptes, de ce tout ce qui leur a été remis.

V

Procédure d'affirmation et de vérification des créances.

Production. — Dans la liquidation judiciaire comme dans la faillite, les créanciers doivent faire valoir leurs titres.

Le dépôt des titres peut se faire dès que la liquidation judiciaire est ouverte, ou la faillite déclarée.

Les créanciers peuvent faire cette remise soit en personne, soit par un fondé de pouvoirs.

(Voir le Formulaire : Pour la procuration à donner au fondé de pouvoir.)

Le dépôt à faire pour chaque créancier comprend :

1° Le titre de sa créance (acte authentique ou sous-seing privé. — Jugement. — Extrait de livres de commerce. — Lettres échangées entre le créancier et son débiteur.)

2° Un bordereau, sur papier timbré, énonçant : les nom, prénom, profession, domicile du créancier, le montant et les causes de sa créance, les privilèges, hypothèques ou gages qui y sont affectés.

(Voir Formulaire.)

Le dépôt se fait soit au greffe, soit entre les mains des liquidateurs ou syndics.

Il en est donné un récépissé.

Vérification. — Cette vérification a lieu en assemblée générale des créanciers, *qui ont le plus grand intérêt à y assister ;* elle est présidée par le juge-commissaire.

Les créances sont vérifiées contradictoirement, les créanciers les établissent par tous les moyens de preuves admis par la loi.

Un procès-verbal est dressé par les soins du juge.

Cas pouvant se produire à la suite de la vérification :

1° Le créancier est admis ;

2° — est contesté ;

3° — est en retard.

1° Le créancier, après son admission, affirme que sa créance est sincère et véritable.

2° Le créancier fait souvent un procès, le juge-commissaire renvoie à bref délai devant le Tribunal.

Ce Tribunal est :

Un Tribunal de Commerce, s'il s'agit, par exemple, d'une demande en nullité d'un acte intervenu pendant la période suspecte;

Un Tribunal civil, si la demande est fondée sur l'incapacité des parties;

Un Tribunal de répression : cour d'assises, en cas de faux; tribunal correctionnel, en cas d'abus de confiance, d'escroquerie.

3° Les créanciers sont en retard. Dans ce cas, ils encourent une déchéance; ils ne peuvent assister à aucune opération de la faillite.

Ils ne sont cependant pas dénués de tout droit. Ils peuvent, à leurs frais, par acte d'huissier, mais avant la clôture des opérations, former opposition aux répartitions de deniers à faire, un jugement statue sur leur demande.

VI

Des solutions de la liquidation judiciaire et de la faillite.

Deux solutions communes :

Le concordat simple;

Le concordat par abandon d'actif.

Du concordat simple. — Le débiteur est remis à la tête de ses affaires avec un certain temps pour se libérer.

Bonne solution qui concilie tous les intérêts.

Pour qu'un concordat soit conclu, trois conditions:

a) Vote à une double majorité par l'assemblée des créanciers :

Majorité en nombre consistant dans la moitié des voix plus une ;

Majorité en sommes consistant dans les deux tiers des créances vérifiées et affirmées, ou admises par provision.

Tous les créanciers composant l'assemblée peuvent voter, à l'exception des créanciers privilégiés, hypothécaires, ou nantis d'un gage.

b) Homologation du concordat :

L'approbation du concordat par le Tribunal est demandée par la partie la plus diligente : le débiteur, le liquidateur ou les syndics, un ou plusieurs créanciers.

(Voir Formulaire, pour la demande.)

Un créancier peut faire opposition au concordat. L'opposition doit être motivée et faite dans les huit jours qui suivent le concordat.

c) Non condamnation du débiteur comme banqueroutier frauduleux.

Effets du concordat. — Le concordat remet d'une façon absolue le débiteur à la tête de ses affaires.

Il améliore sa situation par les remises et délais qui lui sont consentis, car les créanciers peuvent changer les termes de l'exigibilité des dettes, ou en réduire la quotité.

Il rend aux créanciers leurs droits de poursuites individuelles et leur conserve l'hypothèque accordée à la masse.

Le concordat est *obligatoire* pour tous les créanciers.

Causes pouvant faire tomber le concordat :

Annulation ;

Résolution ;

Nouvelle faillite ou nouvelle liquidation judiciaire.

1° Le concordat est annulé : quand une banqueroute frauduleuse survient après l'homologation du jugement ; quand un fait a été découvert consistant dans l'exagération du passif et la diminution de l'actif.

2° Le concordat est résolu quand les conditions n'en sont pas exécutées.

Il existe plusieurs *règles communes* à l'annulation et à la résolution.

Le droit de demande appartient à chaque créancier.

C'est le Tribunal de Commerce qui a homologué le jugement qui est compétent pour accorder ou refuser l'annulation ou la résolution.

Les effets du nouveau jugement ont lieu à l'égard de tous les créanciers, et le débiteur se trouve alors en état de faillite.

S'il y a eu *résolution*, un nouveau concordat peut intervenir et les créanciers reprennent la situation qu'ils avaient au début de l'instance.

Il existe aussi *plusieurs différences* entre l'annulation et la résolution.

L'annulation provient d'un *vice* du concordat ayant existé dès le début.

La résolution provient d'un fait postérieur.

L'action en nullité dure *dix* ans.

L'action en résolution dure *trente* ans.

Après l'annulation, on ne peut accorder un nouveau concordat; il n'en est pas de même après la résolution.

Du concordat par abandon d'actif. — Le débiteur fait avec ses créanciers un traité abandonnant ses biens, sous condition qu'il sera ensuite libéré envers eux.

L'abandon peut être total ou partiel.

De la clôture pour insuffisance d'actif. — A un moment quelconque, avant même qu'il y ait eu solution pour la faillite ou la liquidation, les opérations peuvent être arrêtées par suite d'insuffisance d'actif pour faire face aux frais.

Conséquences de cette clôture :

Les créanciers recouvrent leurs droits de poursuites individuelles;

La faillite ou la liquidation n'est pas close, le fonctionnement en est suspendu;

L'exécution du jugement est suspendue pendant un mois, afin de permettre au débiteur de trouver quelques fonds nécessaires pour éviter la clôture. Si, dans la suite, le débiteur a de nouveaux fonds, il peut faire rapporter le jugement.

VII

Droits pouvant être invoqués contre une faillite ou une liquidation judiciaire.

1° Revendication :

a) La femme du débiteur peut revendiquer certains objets.

b) Les tiers propriétaires peuvent réclamer et reprendre :

Les effets de commerce ou autres titres envoyés avec une certaine destination;

Les marchandises consignées à titre de dépôt ou pour être vendues;

Les marchandises vendues, mais non encore payées par lui.

2° Différentes espèces de créanciers, leurs droits.

a) Coobligés et cautions.

Le créancier peut avoir sa créance garantie par la solidarité.

S'il n'a pas reçu d'acomptes avant la déclaration, il peut produire pour la somme totale qu'on lui doit dans telle masse qu'il lui convient.

S'il a reçu des acomptes, il doit faire déduction de ce qui lui a déjà été versé.

b) Créanciers nantis de gages.

Ces créanciers conservent le gage dont ils sont nantis. Ils ne peuvent toucher des dividendes que si la somme résultant de la vente du gage ne couvre pas leur créance.

Le syndic peut retirer le gage, en remboursant le montant de la dette.

c) *Créanciers privilégiés sur les meubles.*

Pour les *commis*, le privilège s'étend à six mois de salaires.

Pour les *ouvriers*, à trois mois.

3° *Bailleurs d'immeubles.*

Si le bail est résilié par suite d'arriérés de loyers ou d'autres motifs, le privilège n'existe que pour les deux dernières années de location échues et pour l'année courante.

Si le bail n'est pas résilié et si les locaux restent suffisamment garnis de meubles, le propriétaire n'a aucun privilège.

Si, au contraire, les locaux ont été dégarnis, le propriétaire peut exercer son privilège pour les deux dernières années, l'année courante et une année à échoir.

Les syndics ou liquidateurs peuvent sous-louer pour rentrer dans leurs dépenses.

Payement des créanciers privilégiés sur les meubles et les immeubles. — Les premiers sont payés avec les deniers au fur et à mesure qu'ils rentrent, sur un état présenté par les syndics ou liquidateurs et approuvé par le juge-commissaire.

Quant aux créanciers hypothécaires et privilégiés sur les immeubles, si la répartition du prix des immeubles se fait avant ou en même temps que celle des meubles, et s'ils n'ont pas été payés intégralement, ils viennent avec les créanciers chirographaires à la répartition du prix des meubles.

Si, au contraire, la répartition de la vente des biens meubles se fait avant, ils touchent d'abord sur les meubles, puis sur les immeubles.

Des droits de la femme du débiteur. — Lorsque les immeubles ne proviennent ni de succession, ni de donation, ils sont considérés comme étant payés par les deniers du mari, et sont placés dans la masse active du débiteur, à moins que la femme ne prouve le contraire.

La femme reprend ceux qu'elle possédait avant le mariage, — ceux qu'elle a eus depuis le mariage soit par succession, soit par donation, — ceux qu'elle a acquis au moyen de ses deniers venant de successions ou de donations.

Mêmes observations pour les biens meubles.

VIII

Des voies de recours.

Certains jugements tels que ceux d'ouverture de la liquidation judiciaire, ceux qui nomment le juge-commissaire et d'autres ne sont pas susceptibles de recours.

Mais on peut faire *opposition*.

Si c'est le failli, il a *huit* jours.

Si ce sont les autres intéressés, ils ont *un mois*.

Il en est de même pour l'appel.

Les créanciers qui ont été parties au jugement peuvent faire appel, ils n'ont que *quinze jours* à partir de celui de la signification du jugement, contrairement au droit commun qui donne *deux* mois.

IX

Des banqueroutes simples ou frauduleuses.

Si le débiteur a commis des négligences, des imprudences, des fautes graves, mais sans fraude, on transforme la faillite ou la liquidation en banqueroute, et il est passible des tribunaux correctionnels.

S'il y a eu fraude et mauvaise foi, c'est une banqueroute frauduleuse, passible de la cour d'assises.

Le Procureur de la République agissant d'office ou sur la dénonciation d'un tiers, les syndics ou liquidateurs, tout créancier, peuvent faire déclarer le débiteur en état de banqueroute simple.

La prescription est de *trois* ans.

En cas de banqueroute frauduleuse, la poursuite appartient au ministère public, mais les syndics, liquidateurs, plusieurs créanciers, peuvent se porter partie civile.

La prescription ne peut se produire qu'au bout de *dix* ans.

X

De la réhabilitation.

La réhabilitation est une déclaration de la Justice qui relève le failli ou liquidé de toutes les incapacités qu'il a encourues.

Pour qu'elle soit possible, il faut :

Que le débiteur ait acquitté intégralement ses dettes, en capital, intérêts et frais ;

Qu'il ne soit pas compris par la loi parmi les personnes indignes d'être réhabilitées.

C'est à la Cour d'appel du domicile du débiteur que la demande en réhabilitation doit être faite.

CHAPITRE III

Des Tribunaux de Commerce.

1° *Leur organisation.*

Le Conseil d'État en fixe le nombre, par un règlement d'administration publique, et désigne les villes où ils siégeront.

Plusieurs Tribunaux de Commerce peuvent dépendre d'un seul Tribunal civil.

Chaque Tribunal se compose de :

Un Président;

Deux Juges, au moins;

Juges suppléants.

Nomination. — Les membres des Tribunaux de Commerce sont nommés dans une assemblée d'électeurs composée du dixième au moins des commerçants inscrits à la patente, qui ne peut dépasser 1.000 et être inférieure à 50.

A Paris, le nombre est de 3.000.

Établissement de la liste des électeurs. — Elle est établie par une commission ainsi composée :

Le Président du Tribunal de Commerce et un Juge;

Le Président et un membre de la Chambre de Commerce;

Trois Conseillers généraux pris, autant que possible, parmi les membres élus dans les cantons du ressort du Tribunal;

Le Président du Conseil des Prud'hommes, ou le Juge de paix, s'il n'y a pas de conseil;

Le Maire de la ville; à Paris, le Président du Conseil municipal.

Certaines classes d'individus condamnés, les officiers ministériels destitués, les faillis non réhabilités, ne peuvent être portés sur la liste.

TABLE DES MATIÈRES

Paris. — J. Mersch, imp., 4 bis, Av. de Châtillon.

www.ingramcontent.com/pod-product-compliance
Ingram Content Group UK Ltd.
Pitfield, Milton Keynes, MK11 3LW, UK
UKHW020456230726
13925UKWH00005B/1973